周小菁健身塑体系列丛书

轻松打造完美"S"身材

周小菁 编著

北京体育大学出版社

策划编辑 苏丽敏 文冰成
责任编辑 闫文龙
审稿编辑 苏丽敏
责任校对 文冰成
版式设计 王 涛
责任印制 陈 莎

图书在版编目（CIP）数据

轻松打造完美“S”身材 / 周小菁编著. -- 北京：北京体育大学出版社，2013.10
（周小菁健身塑体系列丛书）
ISBN 978-7-5644-1459-7

Ⅰ.①轻… Ⅱ.①周… Ⅲ.①女性－健美运动－基本知识 Ⅳ.①G883

中国版本图书馆CIP数据核字（2013）第242206号

轻松打造完美“S”身材 周小菁 编著

出　　版 北京体育大学出版社
地　　址 北京海淀区信息路48号
邮　　编 100084
邮 购 部 北京体育大学出版社读者服务部010-62989432
发 行 部 010-62989320
网　　址 http://cbs.bsu.edu.cn
印　　刷 北京天宇万达印刷有限公司
开　　本 889×1194毫米 1/24
印　　张 5.25

2014年3月第1版第1次印刷
定 价：29.00元 **印 数：5000册**
（本书因装订质量不合格本社发行部负责调换）

目录 Contents

第一章　我的美体宣言

追求美，是女人的天性。我从小就比较“臭美”，总想象自己是个公主，永远都光彩美丽。10岁那年的转折使我真正迈进了一个美丽的世界，开始了美的旅程，进入了美轮美奂的艺术体操殿堂。

我非常清楚，通向完美形体的途径每时每刻都与我们的生活息息相连，合理的饮食，科学的健身，自信、平和的心态，以及不断提升的审美能力，无不是生活的一部分。十多年来，我孜孜不倦地修炼自己的形体、气质和美丽女性应有的修养。我几乎用去我全部的时间与精力，包括我的童年、少年、青年时期，直到现在我都没有停止过追求美的步伐。过程是漫长的，有时还异常艰辛，酸甜苦辣通通得尝一遍，“如人饮水，冷暖自知”。所以，在清华大学当老师，我常常对我学生说：“为

了美，是要付出代价的，但享受美的过程是幸福的。”

艺术体操，是一项要求异常苛刻的项目，她要求习练者动作美、形体美、心灵美。因此，从小我们就特别在意自己的体形。每天对着镜子练习的时候，我们最担心突然发现哪个部位长了赘肉，从不敢放松。收腹立腰、挺胸抬头，时时刻刻贯穿到训练、学习、生活中。十几年的习惯使我完全不能忍受小肚子放松的状态，就连坐着也会有意无意地收紧腹部。长期下来形成的好习惯让人感觉完全不一样，被夸奖多了，也就越发自信，气质也便与众不同。所以亲爱的读者朋友们，有一点你们必须明白：优雅的气质，完美的形体，一定是平时点点滴滴的积累而形成的，养成一些

好习惯最重要。

写这本书是因为许多高校的女生，以及白领、金领等女性对美的追求越来越高，精神生活的要求也随之提高，她们希望更懂得生活，每天生活得更有质量，更有活力。我教的清华大学学生及俱乐部会员会经常问我怎样才能减掉大腿、大臂的脂肪，怎样才能练出气质等问题。我的回答总能让她们坚信通过训练一定能够拥有迷人的身材、优雅的气质，从而使她们信心百倍，心情舒畅，更利于健康。作为曾经的艺术体操运动员，如今的形体健美课教师，我将毫无保留地把自己所有的经验与体会用简单易懂的方式教给大家，希望你们从中学到真正的美体美容知识，并受益无穷。

我想告诉大家：每个人无论胖瘦，气质好否，心态首先要平和。美的追求过程是伴随你一生的，应该以持之以恒的态度待之，千万不要图一时的痛快，吃减肥药，数日绝食或盲目练习。请记住，科学地瘦身是关键，本书将教给大家如何科学瘦身，你可以根据自身的情况选择适合自己的瘦身套餐。如果你的身材胖瘦适中，从书中也能找到使你的身材变得更加完美的科学方法，特别是女性极为关

心的三围练习。

女性的腹部、大腿内侧、臀部是脂肪最容易堆积的地方，一旦形成减起来总是要下一番工夫。我的经验是练形体健身，如艺术体操、瑜伽、芭蕾等，这些项目对这三处脂肪的消耗都有明显的作用，书中将一一教给大家。

我一周有16个学时的课，每学时45分钟，也就是说每周我用12个小时在塑造形体。业余时间我喜欢在户外跑跑步，登登山，回归到大自然的怀抱；深呼吸，让自己拥有一份好心情。读者朋友们，我知道每周健身12个小时对你们来说可能会有些困难，那么我建议你们最好每周能健身3～4次，每次1～2个小时为佳。练习内容你可以根据自己的需要从书中

找到一套适合自己的健身套餐，或不定期地更换动作套路。书中的内容简单实用，在家中就能完成。今后我会针对大家的需求不断地推出不同的健身套餐，让大家轻轻松松塑身，开开心心美体！

瑜伽部分应该说是我自己非常喜欢的一部分。在浮躁、充满竞争的社会，她能让大家变得非常地平和、安静，返璞归真，身心合一，心旷神怡，那种感觉妙不可言。精彩的图片、详细的文字解说将使你很快入门，悠然自得。

以上的介绍和我的美体宣言，是不是让你迫不及待了呢？那就慢慢从书中找到你的答案吧！

第二章 艺术体操生涯体会

艺术体操对运动员要求很高，尤其是体形，四肢要修长，腰要纤细，柔韧度要好，而且要求运动员的乐感和表现力要好。总之，她对人的要求几乎到了苛刻的地步。当然，要求苛刻最后的成果是比较完美，可施展的空间也就更大。所以，对于艺术体操我心存感激，她赋予我的东西太多了。小时候，我根本不知道美是什么，也不知道美的背后还要付出多少汗水和泪水。直到现在，我才慢慢总结出自己的体会，才懂得美的真正涵义。

艺术体操可以改变人的气质，因为她不仅要求动作往长线条方向发展，对完美身材的意义很大，而且还会加强你的审美意识，比如比赛的服装如何设计才能使服装与器械的色调搭配得更好，如何编排音乐舞蹈使之完美地融合等。谁都知道内在的修炼最后散发出来的气质美远比“花瓶”更好。而且当你上场比赛时，你需要表现出百分之一百的自信，要让所有人在你一上场就被你的气势征服。这也是艺术体操赋予我的一种魅力。

就整个体育生涯来讲，我所有的付出都是非常值得的，对于我来说这是一个历练的过程。艺术体操教会了我很多，除了刚才讲的审美、体形等方面外，它还教会了我坚韧不拔的精神。如1998年的曼谷亚运会，在异常困难的时刻，我依然能够坚持住。经历过这些磨炼，便觉得生活中没有什么困难能难倒自己。

上场时，教练要求我们把最完美的一面展现给大家，这个过程也教会了我如何以微笑待人，如何善待别人。我们也要求从内而外地去表现，自己首先要感动自己，才能感动别人，这需要很长时间的修炼。同时，我把这些也带到了生活当中，让我知道待人接物要发自内心的真诚。这是练艺术体操这么多年我自己悟出来的体会，只有当你经历了很多起起伏伏，最后很不容易走到塔尖时，那种悟性才会被打开，才能做到游刃有余。

小时候会觉得这些动作，只是为了练而练。但是，慢慢长大，自己成熟了，对美的认识也逐渐加深，知道一定要带着兴趣去做每件事，效果便会完全不同。特别是到后来，我做动作时感觉是一种享受，一种美的享受。现在，在清华大学教课的我依然充满激情，每天全身心地投入到课堂中，而且每天都有收获。学生也特别高兴，她们的所有反馈都是那么真诚，而且她们觉得练习的效果非常明显。

练艺术体操能够培养一个人的能力，我自己也在主动地刻意培养自己，在音乐的剪辑、舞蹈的编排和教书育人方面我都逐渐地悟出些道理。在教的过程中我就有很多体会，了解学生的需求，而且在过程中我也不断地在摸索着，我希望能让更多的人受益。

在实践当中的一些体会，我还有一点是不同于其他运动员的。记得当初我刚进清华大学教课的时候，我会觉得每个动作都很简单，但是在教的过程中就会慢慢发现学生对动作的过程不是很了解。到底怎么发力，到底怎么样才是美？这就需要我很有耐心、很细致地把过程说得清清楚楚，让她们能真正地学到更多的知识。像我在做《青春时光》这个栏目的时候，因为动作专业，同时又能指导大家锻炼，这个栏目的编导对我的评价是“既专业又大众化，难能可贵”。

所有人都能够接触到的美，才叫做美。其实我们用不着把艺术体操看得那么神圣，也并不是只有通过艺术体操的训练和熏陶才能使你变得更美。在现实生活中我们所接触到的很多东西、所做的很多动作都可以帮我们完美体形，只要你做的动作有针对性并且正确。当然，我会把动作的难度降低，用最简单易行的方法教会你们，哪怕只是一个简单的踢腿动作我也会把它做得很到位，表演得很漂亮，说得很清楚，告诉大家到底怎么做才是最正确的。

第三章 生活中的10个美体细节

美，无处不在；美体，更是一项无处不在的运动。生活中你触手可及的东西，甚至一举手、一投足都可以看作是用来美体的辅助工具或是练习项目，尤其是生活中一些容易被人忽视的小细节更是具有意想不到的效果。

一、靠墙站

面对墙或背对墙站立，四肢伸直，每天做10分钟，可调整你的脊柱，让你的身体更挺拔。

二、坐 姿

端坐时千万别忘记抬头、挺胸、收下巴，这是平时练形体的最好时机。

1>

2

三、站姿弯腰

站姿，两脚打开与肩同宽，两手自然下垂，慢慢前倾，直到背部微微紧绷。上半身完全放松，持续10～15秒，重复10次。这个动作可以有效地拉伸背部和腹部肌肉。

四、扩胸运动

两手拿一把雨伞向上、下、左、右各方向都抻一抻、拉一拉，每次10分钟，可帮助舒展胸部肌肉，使女性的胸部更加丰挺。

五、踮　脚

两脚或单脚脚尖着地，脚跟上抬，然后放下，如此反复进行30～50次。可以促进下肢静脉血液回流，预防下肢静脉曲张，塑造小腿完美腿形。

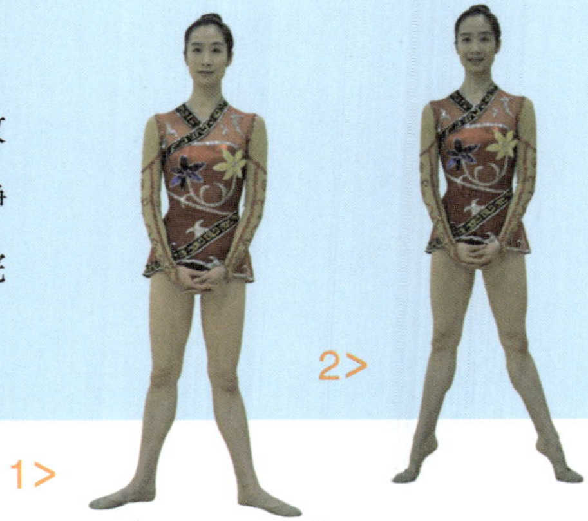

六、控腿运动

在办公室上班也可以利用简单的动作完美自己的体形。坐在椅子上，坐稳。两手反扣在椅背上，两脚并拢，抬头挺胸。两脚抬离地面，两腿夹紧，直到两腿与地面平行。大腿发力，将两腿抬起向胸部靠拢。大腿与身体大约呈45度角时，静止60秒。如果你感觉腹部有强烈的抖动感，那说明脂肪在燃烧，这是简单有效的瘦身塑腰动作。

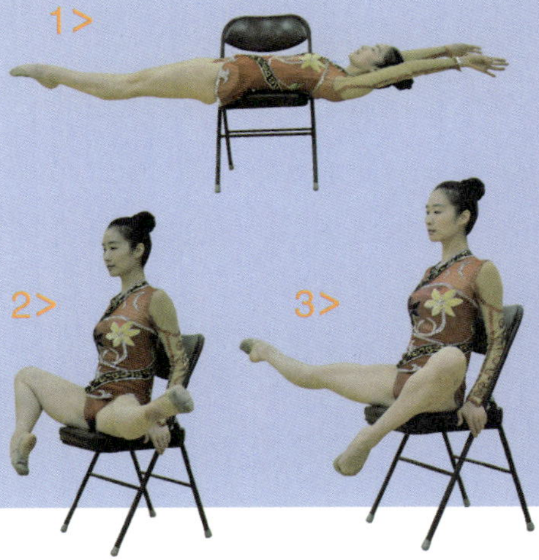

七、椅子操

拿一把椅子或其他固定物，仰躺着，手臂向头上方伸直，与身体在同一平面上。缓慢起身，两手抓住椅子腿或其他固定物。右膝关节弯曲，左腿直腿向外张开静止5秒钟；然后左膝关节弯曲，右腿直腿向外张开。左右重复各做30次，能使腰腿变细。

八、扶把练习

回到家里也可以随时随地进行形体训练。专业的芭蕾练习对大家来说难度可能太大了，但是在这里，我推荐简单而有效的办法——扶把练习。你可以找阳台上的栏杆或者一张椅子来作为扶把的工具，然后用手扶着做一些简单的压腿、深蹲等伸张动作。做动作时两肩下垂，下巴收紧。

九、空中蹬车

晚上睡觉的时候也可以做简单的动作保持体形，空中蹬车练习就是收腹、瘦腿的妙招。仰卧，下背部平贴在床上，两臂屈肘支撑身体。两腿交替做蹬车的动作，直到感觉腿部有酸酸的感觉。

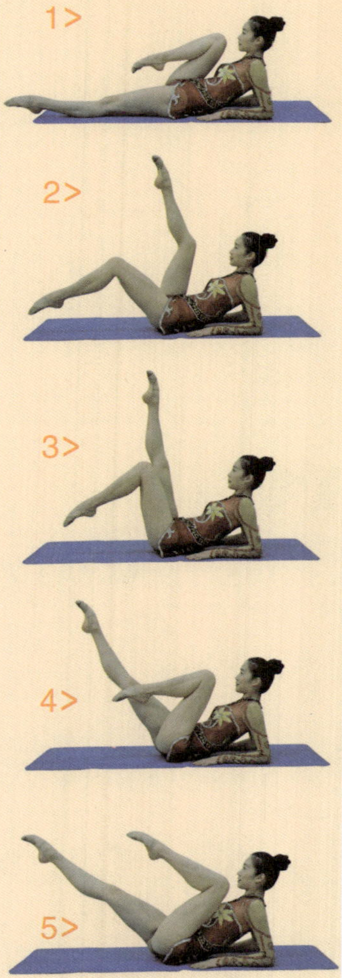

十、收腹、收臀练习

睡前还可以做收腹、收臀的练习。平躺在床上，两膝屈膝，两脚脚心踩地，两手位于头下。吸气时高抬臀部，呼气时将臀部慢慢放下。重复30次，最好每天坚持练习。这个练习有塑腹、提臀的效果。

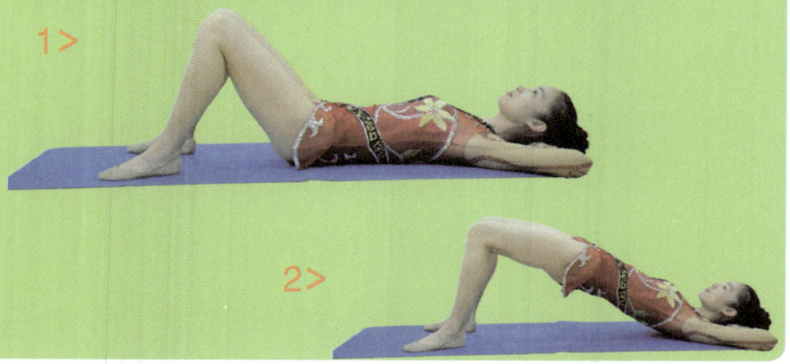

第四章 “S”形身材的简易练习方法

一 简易俯卧撑

动作步骤

1. 两手与肩同宽俯撑，两膝触地，两腿交叉后起。
2. 两臂屈肘，上身下压直至与地面平行。重复15次，每次2～3组。

益处

· 拥有迷人的胸部是多数女人的梦想，简易俯卧撑能有效锻炼胸部肌肉，提升胸围。

1

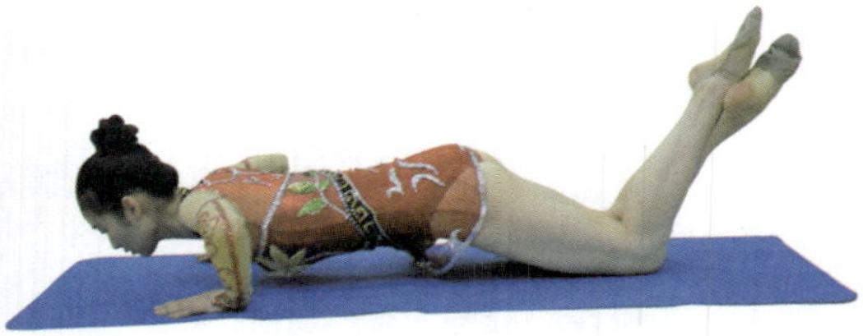

2

二 侧腰肌练习

动作步骤

1. 身体侧卧于地面，右手支撑头部，左手支撑于体前，两腿直膝。
2. 收紧侧腰肌，两腿向侧上离开地面，控制10秒，重复6次。然后做反向动作。

益处

· “水桶腰”是困扰很多女性的问题之一，这个动作能有效地燃烧腰部脂肪，使腰变得纤细。

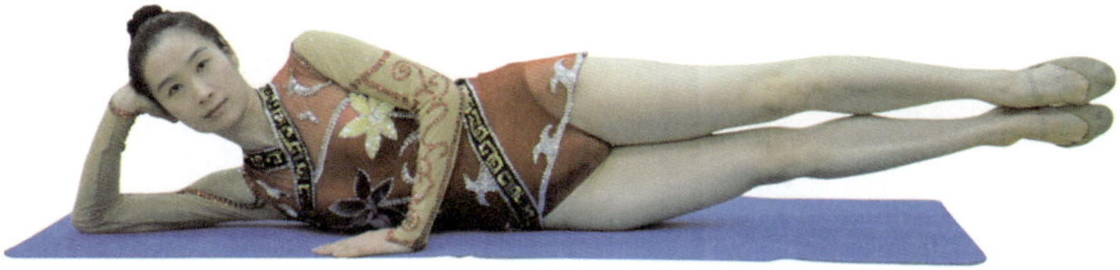

三 跪姿后控腿

动作步骤

两手、两膝支撑地面，左腿伸直后慢慢向后上抬高，保持1分钟。注意上身和动力腿要往身体中间夹紧。

益处

· 可去除腰部、臀部多余脂肪。

四 侧卧控大腿内侧

动作步骤

1. 身体侧卧于地面，左肘支撑，右手位于体前支撑。右腿屈膝，右脚点地，提踵，左腿直膝。

2. 左大腿内侧肌肉紧收，离地约10厘米。

3. 快起慢落，注意左大腿外旋。

益处

· 这个动作能消耗大腿内侧脂肪，对瘦腿有明显的效果。

1>

2>

五 背肌练习

动作步骤

身体俯卧，吸气时将两臂、上身、两腿抬高，呼气时两臂、两腿还原。重复30次，每次2～3组。

益处

· 背肌练习对减少背部、腰部、臀部脂肪颇有功效。

六 腹肌练习

动作步骤

1. 身体仰卧，两手位于身体两侧，两臂直臂，两腿屈膝。
2. 吸气时两臂前伸，上身离地20厘米，呼气时上身及两臂慢慢还原。
3. 重复30次，每次2～3组。

益处

· 腹肌练习可以有效地燃烧腹部脂肪，打造迷人小蛮腰。

七 臂部练习

动作步骤

1. 仰体，两手支撑，两腿屈膝，臀部离开地面。

2. 两臂屈肘，保持臀部离开地面。

3. 重复20次，每次2～3组。

益处

· “蝴蝶袖”是件很恼人的事情，如果每天坚持练习这个动作可有效减少大臂脂肪堆积，纤细的胳膊你也能拥有。

1>

2>

3>

第五章 跟着艺术体操冠军练瘦身瑜伽

我练过许多健身项目，总结起来感觉瑜伽的确是简单易行并安全可靠适合终身的健身塑形项目。

瑜伽起源于印度，是古代印度哲学弥曼差（M·Māmsā）等6大派中的一派。瑜伽是梵文词，意思是指通过练习可达到一种大脑活动和身体机能和谐统一的状态。

瑜伽这门学科博大精深，各种瑜伽体系的终极目的就是帮助人实现自我（at ma）与原始动因（the original cause）的结合（the unoin）或一致（one–ness）的瑜伽境界。

我将重点讲解哈他瑜伽（Hatha Yoga）体系在生活中的运用，以及它所能带来的各种益处与注意事项。

什么是哈他瑜伽？在哈他（Hatha）这个词中，“哈”（ha）代表的是太阳，“他”（tha）代表的是月亮。哈他代表男与女、阳与阴、正与负。

修炼瑜伽有哪些好处呢？瑜伽是一个自我成长和开发的系统，通过练习可以使人健康快乐，减轻压力。

为什么选择瑜伽，瑜伽与其他锻炼方式有什么不同呢？按照瑜伽的哲学理论，组成健康的原色包括：持之以恒的身体姿势训练，正确的呼吸，充足的休息和放松，通过冥想达到精神专一和宁静，积极正面的思考，以及健康、均衡的饮食。瑜伽是具备以上所有元素的锻炼方式之一。

一 呼吸

动作步骤

盘坐，两手放在腹部，意识关注于呼吸上。缓慢深长地吸一口气，让气充满肺部，肺部下压横隔膜，腹部突出，胸部扩张，肩膀微升起；然后，缓慢呼气，肩膀下降，胸部回缩，横隔膜回到原处，腹部回缩。一吸一呼为1次，重复5～10次。

益处

帮助吸进较多氧气，增加血液的含氧量，并加速新陈代谢，使精力充沛、注意力集中。

二 有支撑点的小桥式

动作步骤

1. 坐姿，两手在体后支撑，预备吸气。

2. 收紧臀部，两手用力上推，同时将臀部慢慢上抬。保持后背挺直，吸气。

3. 将臂部抬至水平位置，腹部、腰部肌肉收紧。脖子慢慢地有控制地后伸。

4. 保持姿势，脖子继续往远处延伸。

5. 尽自己所能继续收紧抬高臀部，头部和脖子向后放松。

6. 呼气，反向执行这个姿势的每个步骤，回到起始姿势。动态地重复这个动作3～6次，注意呼吸的配合。

7. 抱膝，低头放松后背。

1

2

3

4

5

6

益处

· 使大腿和臂部肌肉更加强壮。

· 伸展腹部肌肉，使腹部肌肉强壮，调整这个区域的器官。

· 增加胯部前端的弹性和脊柱的弹性。

· 有支撑点的小桥式能够通过增加新鲜的血液供应，达到滋养甲状腺及大脑的功效。

注意事项

! 如果你的脖子受过伤或有不适，那么就要减小动作幅度，保持头部、颈部与脊椎成一条直线。

! 缓慢、平稳地进入和推出，千万不要着急，以免拉伤脊椎。

! 肩膀下压，尽量将脖子伸长。

三 牛面式

动作步骤

右腿盘坐，左腿后屈，左手与右手在后背相互扣住，后背直立，目光平视。用瑜伽完全呼吸法，保持姿势不动。

益处

- 打开肩关节，增加肩关节的灵活性。
- 伸展大腿肌肉，塑造大腿腿形。
- 唤醒大脑，使头部和肩膀产生轻盈的感觉。

注意事项

! 如果你的膝盖、肩膀、手肘有伤或不适，请先做好充分的准备活动再慢慢尝试。幅度可根据自身能力量力而行。

! 注意通过伸长脊椎来保持身体躯干的平衡。

四 坐扭曲式

动作步骤

1. 采用坐姿，后背完全直立，平静心情。
2. 右腿伸展，两手帮助左腿跨过右腿。
3. 左脚脚掌触凳，并尽量使左膝靠近身体。
4. 右肘触左膝外侧。
5. 用右肘固定在左膝的同时伸直右肘，并用右手握住右膝。
6. 吸气，保持姿势，左臂前伸。
7. 左臂从前往后伸，此时注意后背保持直立。
8. 左手放在脊椎后，手心触地，手指朝下。
9. 呼气，把头向左转，让视线看向左肩的延伸处。过程要平稳，两肩保持水平。
10. 还原动作，上身从左向右转，同时呼气。保持姿势3～5个呼吸的时间。左、右交替做。

1 >

2>

3>

4>

5>
6>
7>

8 >

9

10 >

11 >

12 >

益处

- 有利于减轻背部疼痛，使脊椎排列更整齐。
- 使背部更加强壮，有活力。
- 温柔地挤压腹部器官，如胃、肝脏和胰腺，并促进肠蠕动。

注意事项

! 如果你的脊椎受过伤，请在进行脊椎扭曲动作前，先咨询你的医生或理疗师。

! 在进行扭曲动作时，动作要缓慢，幅度也是由小到大。

! 让脊椎保持伸展，并保持在中间的位置，使脊椎成为身体扭转的中轴。体重均匀分布在臀部两侧。

五 半鸽子式

动作步骤

左腿屈膝横置于体前，右腿屈膝与左腿在一条直线上，右手抱右脚。左臂从左侧向上举至与头部平行，并感觉无限延伸。

益处

- 增加骨盆区域的血液供应。
- 提高髋关节、两腿的柔韧度。

注意事项

！在整个过程中，让脊椎保持伸展，并且让两膝在同一条直线上。

！膝盖有伤者不宜练习此动作。

1

2

六 鸽子式

动作步骤

1. 坐在凳子上，两腿弯曲，向右侧伸展。

2. 右臂弯曲勾住右脚背，两膝成一条直线。

3. 左臂从头后绕过，右手尽量往后伸，左手握住右手。

4. 保持3～5个呼吸，停留时间可因人而异，如果体力好，可让自己多停留几秒。

益处

· 消除手臂上多余的赘肉。

· 强化大腿及小腿曲线，让曲线结实有弹性。

· 柔韧腰部肌肉，使腰身更柔软、纤细。

注意事项

! 想要完成鸽子式，并不是那么容易的，需要提高肩部及两腿的柔韧性。鸽子式的起始动作也是非常重要的，如果两腿的位置摆放不正确会导致无法完成鸽子式，或是使动作看起来非常别扭。

! 建议身体柔韧性不好或者是初学者要量力而为，不要扭伤了自己的身体。

七 搬腿式

动作步骤

采用坐姿，吸气，右腿盘坐，稳定重心；呼气，两手抱左侧小腿上抬贴近身体，慢慢将膝关节伸直，保持数秒，还原休息。然后换右侧做动作。

益处

· 增强平衡感和腿部的柔韧度，燃烧腿部脂肪。

· 增加骨盆区域的血液供应。

注意事项

！幅度可根据自身的柔韧度来决定。

！在做这个动作之前要先做好准备动作，刚开始做时最好用右手扶墙来帮助稳定重心。

1

2

八 静态的战士第一式和第二式

动作步骤

1. 两腿成弓步前后站立，右腿在前、左腿在后，两腿的距离根据自身的能力来决定。两臂上举，两手在头顶手心相对，向上、向后伸展，肩部下压，扩胸。

2. 保持姿势，将头慢慢低下，使后背进一步得到抻拉。呼气后，保持姿势4～8个呼吸的时间。

3. 保持腿部姿势，右臂前伸，左臂后伸，两臂成一条直线。还原，两腿交替前后位置做动作。

益处

· 充分锻炼腿部、腹部、背部和颈部的肌肉，让身体更有形。

· 扩胸，进行深长呼吸。

注意事项

！不要把腿分得太开，让两个脚后跟贴在地面上，并轻松地保持这个姿势。

！右腿在前、左腿在后与左腿在前、右腿在后交替做，使身体左右对称。

1
2
3

九 蹲式

动作步骤

1. 挺身直立，在感到舒适的情况下将两脚自然分开，脚趾朝外。脚后跟离开凳面，两手十指相交，两臂轻松下垂于体前。

2. 弯曲两膝，慢慢将上身向下降低，并保持平衡。平稳呼吸。

3. 恢复挺身直立的姿势。

益处

· 锻炼两踝、两膝、两大腿内侧的肌肉，消除脂肪。

注意事项

！恢复挺身直立的姿势时，若感觉困难可以让脚后跟触地再进行。

！根据自身能力加减幅度。

1>
2>
3>
4

十 立式抱膝

动作步骤

1. 后背直立，左腿直膝撑地，两手抱右膝，右脚脚尖朝下。
2. 上身不动，两手继续将右膝上提，使大腿尽量靠近身体。左腿保持挺直。
3. 左臂向上延伸，感觉手、脚是往相反方向伸展。

益处

· 按摩腹部内脏，燃烧腹部脂肪，增强平衡感。

· 锻炼腿部肌肉，塑造腿形。

注意事项

! 平静心情，看着一个固定物，有节奏地完成动作。

! 后背始终直立。

1 >
2 >
3 >

十一 立式侧抱膝

动作步骤

1. 后背直立，左腿支撑身体，右手抱右膝，右脚脚尖朝下，左臂直臂上举。
2. 左腿稍屈膝，右腿向右侧打开，左臂屈肘位于胸前。

益处

· 有效锻炼臀部、大腿的肌肉。

· 增加平衡感。

注意事项

! 平静心情，看着一个固定物，有节奏地完成动作。

! 后背始终直立。

1>

2>

十二 舞蹈式

动作步骤

1. 直立，左腿支撑。右腿后上抬，右手抓住右脚踝的外侧，尽量在身后抬高。左臂直臂上举。

2. 保持姿势，屈左膝左肘。

3. 慢慢伸直左膝左肘，还原到舞蹈式。

益处

· 所有平衡站姿的益处是能够调理臀部、腿部、脚部肌肉，使它们更加有形。

· 有助于全身肌肉的平衡发展。

注意事项

! 应该在感觉舒适的情况下保持一个平衡的姿势，并记住要不停地呼吸，使这个平衡姿势充满生机和活力。

1 >

2 >

3

十三 立式侧展

动作步骤

1. 两腿并拢，两臂直臂上举，两手手心于头顶相对。吸气预备。
2. 呼气，上身向左侧伸展，注意后背始终保持直立，展胸。
3. 上身向右侧伸展。
4. 还原。

益处

增强腰肌的力量，塑造腰部的曲线。

注意事项

! 不要憋气，正常呼吸。

! 伸展幅度要尽自己所能。

^
1
^
2
^
3
^
4

十四

立式后展

动作步骤

1. 两腿并拢，两手叉腰。吸气，上身慢慢向后弯曲，同时把胯部向前顶，膝关节不要弯曲。

2. 呼气，利用腹部肌肉的力量回到垂直的姿势。

益处

· 增加脊椎的弹性，保持良好的身体姿势。

· 锻炼背部肌肉。

注意事项

！如果你的脊椎、颈部有伤，请尽量避免向后弯。

1
2

十五 下犬式

动作步骤

身体前倾使两手触凳，两脚尖撑凳。呼气，两手向后推，两臂伸直，两腿绷直，抬高臀部，伸展背部，脚后跟下压，使身体形成一个倒“V”字形。保持姿势3～8个呼吸的时间。然后躯干前伸，放低身体缓慢地回到凳面，放松。

益处

- 充分伸展身体，增加身体的柔韧性。
- 燃烧腹部、两臂、两腿的脂肪。

注意事项

！如果患有高血压或心脏病，可以靠着墙完成下犬式，这样你的头部就能保持在心脏以上的位置。

！如果背部有伤，先做猫伸展式，让脊椎有一个热身过程。

十六 猫伸展式

动作步骤

1. 跪立，两手撑地，大腿和小腿成直角。弓背，面向凳面。

2. 慢慢将后背向上顶到顶点位置。

3. 跪姿，抬起臀部，腰部向下沉，两手与肩同宽支撑凳面。吸气，抬头，塌腰，塌背，臀部向上翘起。保持5~10秒。

益处

- 可以缓解背部疼痛和疲劳，使脊柱柔软灵活。
- 促进腹部血液循环，减少腰部脂肪。
- 美化臀形。

注意事项

! 肩部往下压，脖子向前伸。

! 如果脖子受过伤或者不适，脖子的运动幅度不要太大。

1

2

3

十七 卧英雄功（婴儿式）

动作步骤

跪在凳上，小腿、两膝贴凳，身体坐在脚后跟上。两手在体后交叉，后背完全放松。呼气，躯干前倾靠在大腿上，前额触凳。

益处

· 柔和地伸展臀部、大腿肌肉。

· 放松背部和腰部肌肉。

注意事项

！如果患有静脉曲张或者膝盖有损伤，请不要进行这个姿势。

十八 顶峰式

动作步骤

1. 四肢撑凳，两臂、两腿伸直，身体成倒“V”字形。左腿直腿向上伸展。
2. 左腿继续伸展，两肩下压。
3. 两肩尽量下压，低头，左腿完全打开。

益处

· 伸展和放松脊椎。
· 锻炼背部、大腿和小腿肌肉，以及肩部的柔韧性。

注意事项

！患有高血压或心脏病者不宜练习此动作。
！尝试之前，你必须有能力完成狗伸展式。
！热身要充分。

1
2
3
4

十九 树式

动作步骤

1. 双手合十位于体前，两臂直臂举过头顶，感觉两手、两脚往两个相反的方向伸展。右腿抬起，右脚抵住左侧膝关节。

2. 两手缓慢下降于胸前，做祈祷姿势。

益处

- 能够伸展身体，锻炼背部、腿部、脚部肌肉。
- 有利于腹部和背部肌肉的平衡发展。

注意事项

! 应该在感觉舒适的前提下保持平衡，并记住要不停呼吸，使这个平衡姿势充满生机与活力。

! 孕妇也可以做这个动作，只要进行最简单的平衡姿势就可以了。

1>

2>

二十 平衡式

动作步骤

左腿直膝撑地，右腿伸直抬起，右手抓住右脚趾，试着保持身体的平衡，左臂直臂上举。呼吸平稳。

益处

- 锻炼腿部肌肉，增强腿部柔韧性。
- 增强平衡能力和控制力。

二十一 背肌练习

动作步骤

1. 俯卧，两腿伸直，两臂直臂置于体侧。
2. 上身抬起的同时向前伸展右臂，左臂屈臂置于体前，左腿后上伸，保持姿势3秒。
3. 右臂屈臂，右手放置于下巴处。左臂前伸，两腿伸直。
4. 起上身，伸展左臂、右腿，感觉腰部在用力。
5. 慢慢还原。

益处

· 促进背部血液循环。

· 锻炼腰部、腹部、腿部肌肉。

^1 ^2 3> ^4 5>

二十二

蛇伸展式

动作步骤

俯卧，两腿伸直，两手在体后交叉。两手后伸的同时，收紧臀部、腰部肌肉，使上身离开地面，抬头。然后慢慢还原，重复15次。

益处

- 增加脊椎的血液循环，塑造背部曲线。
- 锻炼腹部肌肉和背部肌肉。
- 帮助消化，并缓解肠胃气胀。

注意事项

! 如果脖子受过伤，在整个过程中要保持脖子伸直；在保持姿势的同时，不要向上看。

! 如果背部下端受过伤或有不适，在进行后仰动作时收紧臀部肌肉。

二十三 倒鸵鸟式

动作步骤

1. 坐立，后背直立，屈膝，两手抱小腿，准备将重心后倾。

2. 找好重心，两手抱踝，慢慢伸直两腿，呼吸平稳。后背与颈部成一条直线，保持动作。

益处

· 锻炼腹部、腿部和背部的肌肉，尤其有助于燃烧腹部脂肪，告别“小腹婆”。

注意事项

! 在平衡身体时不要屏住呼吸。

! 如果做这个动作时肌肉绷得太紧，就要缩短动作保持时间，重复2～3次。

二十四 弓箭式

动作步骤

1. 坐立，两腿伸直，两手放于两小腿上，两臂伸直，后背挺直。

2. 左手抓住左脚踝，右手抓住右脚的内侧脚后跟。重心后移，并伸直右腿。左腿屈膝，尝试着使左脚离开凳面。保持平衡，正常呼吸。

3. 重心前移，慢慢放下两脚，后背始终挺直。

4. 伸直右腿，左腿屈膝。

5. 伸直左腿，还原。

6. 重复反向动作。

益处

· 增加平衡感，锻炼背部肌肉。

· 增加腿部的柔韧度。

注意事项

! 如果觉得后侧韧带发紧，可将动作幅度减小。

! 重心难以平衡时，可将屈膝的一侧脚触地，帮助保持平衡。

1>
2>
3>
4>
5>

二十五

腹肌练习

动作步骤

仰卧，两膝屈膝，两臂直臂前伸。抬起上身，并收紧腹肌。吸气起，呼气下。重复15次为佳。

益处

· 锻炼背部肌肉，塑造背部线条。

· 锻炼腹部肌肉，燃烧腹部脂肪。

注意事项

！如果脊椎受过伤或者颈部有损伤，请放慢节奏，减小动作幅度。

二十六 脊椎摇摆式

动作步骤

1. 仰卧，两手放置于脑后，抬腿屈膝，收腹。

2. 两手扶凳子的两侧，两膝向左或向右侧转，但要注意重心的把握。然后再做另一侧动作。

益处

· 增加腰部的活动范围，塑造腰部“S”形曲线。

· 有助于缓解背部疼痛。

注意事项

! 如果脊椎受过伤或有不适，那么做这个姿势时要小心谨慎。

二十七 侧腰肌练习

动作步骤

侧卧，左手支撑头部，右手于体前自然撑凳。左腿屈膝，右腿抬起，右脚脚背朝前，将腿缓慢抬高，重复15次。然后做另一侧动作。

益处

- 有效锻炼侧腰肌，去除腰部脂肪。
- 锻炼腿部肌肉。

注意事项

！腰部有损伤者，请根据自身的实际情况减小动作幅度。

二十八 弓式

动作步骤

1. 俯卧，两手抓住脚踝，前额触凳。
2. 吸气，上身缓慢离开凳面。
3. 两膝离开地面，上身与腿伸到最高点处，将身体重心停留在腹部和胯部，抬头、展胸。
4. 呼气后，身体还原到起始姿势。

益处

· 帮助纠正不自然的脊椎弯曲问题。

· 有效锻炼腿部、背部、腰部肌肉，增加身体柔韧性。

注意事项

！如果脖子受过伤或有不适，保持头部和眼睛看向前方。

！注意让脚后跟离臀部越远越好。

^
1

2>

3>

4>

5

二十九 蹲式牛面式

动作步骤

从站姿开始，左、右腿交叉，右腿在上。右手与左手在身后相互扣住，在稳定重心的情况下，身体慢慢下蹲至最低点。注意后背直立，肩部打开，两肩下压。保持身体平衡，两臂侧平举。

益处

- 使腿部肌肉保持弹性。
- 胸部得到完全伸直，背部更加挺直。

注意事项

！为了更好地完成这个姿势，可以在臀部下放一床被子或一个垫子。

！如果膝盖、肩膀、手肘或手臂有伤，只进行准备性练习就可以。

<1 （正面图）

2> （背面图）

^ 3

三十 简化脊柱扭动式

<1

<2

动作步骤

1. 坐立，两脚触凳，两腿屈膝，左肘抵住右膝，右手位于臀部之后。吸气的同时上身向右后侧扭转，保持5秒。

2. 呼气，还原。

益处

· 伸展背部肌肉，让背部更加挺直。

注意事项

！背部有损伤的人慎做这个动作。

三十一

骆驼式

动作步骤

1. 跪立，吸气，身体后仰，两手支撑在脚后跟。
2. 左臂前伸。
3. 左手置于腹前。
4. 呼气，上身缓慢还原成直立姿势，两手插腰。

益处

· 使腰部肌肉柔韧。

· 伸展腹部肌肉，燃烧腹部脂肪。

注意事项

！如果脊椎受过伤或者颈部有损伤，在整个过程中要保持脖子伸直，避免向后弯。

^
1
2>
<3
4>

三十二 跪姿山式

动作步骤

跪立，右手抓住右脚背，使脚后跟贴近臀部，左臂直臂上伸。

益处

· 拉伸大腿肌肉。

· 消除两臂多余赘肉。

注意事项

! 膝盖有损伤者可使脚后跟离臀部20厘米左右。

三十三

门闩式

1>

2>

动作步骤

1. 跪姿，两膝分开，与髋关节同宽。右腿伸直，右脚跟放在凳面上，脚趾指向右侧，右脚与左膝保持在一条直线上。吸气，左臂直臂向上举起，右手放在右踝上。左髋部向侧下压，胸部打开。呼吸，保持3~8次。

2. 呼气，两臂侧平举，放松身体。

益处

- 帮助消除腰部脂肪。
- 调理脊椎曲线，有助于缓解背部僵硬强直。

三十四

坐式后展臂

动作步骤

1. 坐姿，两腿屈膝，两臂直臂前伸，后背直立。抬头，目视前方。
2. 吸气，两手慢慢往两侧打开。
3. 两臂水平后展，腰肌、腹肌收紧。
4. 呼气，两手慢慢还原。
5. 抱膝还原，放松。

益处

· 增加肩部柔韧性。

· 锻炼背部、腹部肌肉，燃烧脂肪，塑造完美身体曲线。

注意事项

！后展臂的幅度可以个人的能力调整。

1>
2>
3>
4>
5>

第六章 永远吃不胖——我的饮食秘诀

虽然如今你想要什么样的外貌和身材都可以用医学的手段来达到，但是一个真正的美女应该追寻的是自然美、健康美。除了锻炼之外，对食物的选择和每日三餐的吃法也有很大的讲究。摄入脂肪或糖分过多、便秘、新陈代谢缓慢是肥胖的主要原因。针对这些，我将在日常生活中含脂肪和糖量低、纤维素含量高、营养丰富的减肥、健康食品介绍给大家。

一、我的10个饮食秘诀

（一）早晨起床，先空腹喝两杯水清肠胃，再吃早餐

起床后，我每天都会先喝两杯温开水，一是可以清肠，二是可以唤醒胃。喝温开水的时候，加少量食盐也是不错的。

早餐建议选择牛奶、酸奶、鸡蛋、香肠、少量水果、小面包等食品。从科学的角度来说，早餐吃甜的东西对胃比较好。

（二）午饭，一荤一素一汤

如果条件允许，午餐可再丰富点。建议偶尔吃点粗粮，因为食物中若缺少膳食纤维，残渣减少，容易

导致便秘发生，而伴随出现的就是代谢功能紊乱、肤色暗沉、口气、暗疮等问题。粗粮中的精品成分有膳食纤维，能改善肤色暗沉与粗糙；活化血管，预防心血管疾病；促进肠蠕动，使人体排便顺畅，加强代谢功能，进而使肌肤变得更有光泽。但是粗粮虽好，也最好不要多吃，因为膳食纤维是一种不能被消化的物质。膳食纤维过多，会阻碍人体对其他营养物质的吸收，降低免疫能力。常见粗粮有玉米、红薯、糙米、黑麦、荞麦、粗制谷物等；常见粗粮食品有馒头、面包、麦片粥等。

（三）吃饭时，一定要细嚼慢咽

吃饭时，食物至少咀嚼10～20次才吞咽，以促进消化和吸收。瘦身的聪明用餐法，应是尽量拉长用餐时间（一餐至少花20分钟），更重要的是要细嚼慢咽，既可提早产生饱腹感，也能减轻胃的负担。

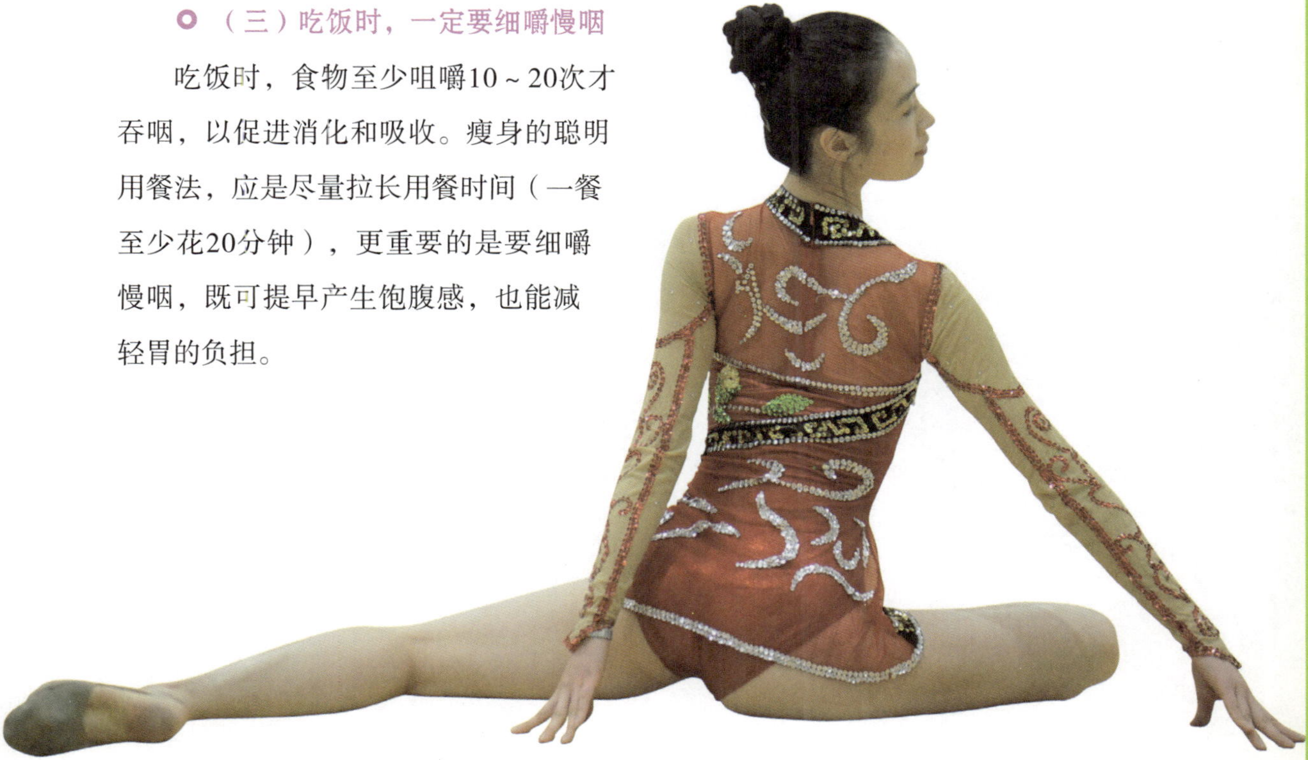

(四)吃到八分饱后绝不勉强再吃

吃饭只吃八分饱是许多长寿者的养生秘方，对于健身塑形的人来说“八分饱”更是比计算卡路里更方便有效的法则。因为如果过度限制热量摄取，往往会令人饿得半途而废；但若选择有营养的食物吃到八分饱，则不仅不会让人觉得饿，且还能每天自然地至少减去约500卡路里的热量哦！

(五)多吃水果和蔬菜

很多水果和蔬菜都具有美容、美腿、减肥的功效，我的观点是提倡什么颜色的水果、蔬菜都吃，因为每一种颜色都代表特殊的营养成分。如萝卜含热量较少，1公斤也只

含200卡热量，而纤维素较多，吃后易产生饱腹感，有助于减肥；苹果富含维生素和矿物质，纤维素含量也极高，是水果中减肥者的佼佼者；香蕉含丰富的钾、脂肪，而钠的含量很低，符合塑形的营养需要；红豆可增加肠胃蠕动，减少便秘，促进排尿，所含纤维素可帮助排泄体内水分、脂肪等，对美腿有百分之百的效果。

（六）感到肚子饿时，先吃点东西会比强忍饥饿好

一感觉到肚子饿就马上有选择性地吃点东西，如蕃茄、脱脂牛奶或白煮蛋，免得饿极时大吃大喝。一顿大餐比3～4顿小餐更易使人发胖，因为吃得多，消化液分泌也多，食物消化、吸收后脂肪也容易囤积，故要避免过度饥饿后大吃一顿。

（七）少吃多餐

试着每天吃4～6顿饭，但每次吃得都很少。采用“少吃多餐”饮食法，可以使你的血糖保持稳定，还能使你的食欲不会过于旺盛，避免由于饥饿而进食过量。

在中餐或晚餐，可以喝一些比较清淡的鱼汤或番茄等清汤。研究证明：在每顿饭前喝一碗清汤的减肥法，会收到意想不到的效果。每日3餐或4餐中，至少两餐前吃一个中等大

小的西红柿，或是喝180～250毫升的西红柿汁，都可达到瘦身。这是因为西红柿富含维C等多种营养成分，餐前进食可使正餐不会吃得太多，并且达到营养均衡的效果。

（八）口味要尽量清淡，少加盐、酱油或蕃茄酱等调味料

虽然生菜沙拉、水煮青菜的确是减肥者理想的食物，但若淋在上面的是厚厚一层的沙拉酱、肉燥、酱油，那减肥大计可就完全破功了。因为油、盐、糖、味精等调味料，皆是高热量啊！如果你习惯吃重口味的食物，其实可以选择富含葱、姜、大蒜、胡椒等天然香料的食物，既能让食物的味道更鲜明，也更有益健康。

（九）一个月清肠、排毒一次

一个月让自己饿一次，停一天不吃饭，主要吃流食（汤、水等），让自己的肠胃空一天，有助于清肠排毒。或者选择薏仁粉，加一小勺在大约1000毫升的水中，当饮用水喝，不单是对皮肤好，同时还能减肥。薏仁具有利尿的效果，可以减少浮肿，所以具有瘦身和瘦脸的功效，而且对美白肌肤也有很大的帮助。

（十）尽量避免吃零食，尤其是边看电视边吃零食

零食的热量极高，如果真有心减肥的话，还是少把薯片、巧克力一包一包地往嘴里塞

吧！尤其是看电视时，千万别让零食出现在伸手可及之处，否则一部电影、一集连续剧下来，不知不觉吃进去的热量实在惊人！

二、越吃越有形的秘密

低脂、低蛋白、低糖类和高纤维素类食物都可以作为低能量饮食疗法中帮助减轻体重的食物。下面将有针对性地为大家介绍几种食物，丰胸、美臀、消除腹部赘肉等都不用发愁了。

（一）丰胸利器：青木瓜

青木瓜中含有丰富的木瓜酵素，可以分解蛋白质、糖类及脂肪，同时青木瓜中丰富的木瓜酶对乳腺发育非常有益，可以刺激女性荷尔蒙分泌，促使乳腺畅通，从而达到丰胸的目的。越来越多的白领女性将青木瓜当作自己丰胸的首选，但是怎么吃才能有效呢？

木瓜黄豆猪蹄汤的效果更是立竿见影，需要注意的是煲汤的木瓜用的是青木瓜。猪蹄洗净切块，用开水汆一下去腥。水烧开，放入葱、姜、料酒，先将黄豆和猪蹄用小火炖2个小时。青木瓜去皮切片入锅，再炖半个小时，撒盐出锅即可。

（二）美丽臀部：豆腐

豆腐富含蛋白质，不含肉类油脂，不会令人发胖，豆腐还是防止臀部下垂的最佳食品。同时，豆腐含有大量雌激素，不仅很有营养，对于上了年纪的女性还可帮助她们克服更年期的症状。

豆腐的烹制方法可谓多种多样，可以凉拌、红烧、炖煮等。而且豆腐家族的品种也是多种多样，除了传统的豆浆、豆腐脑、豆腐干等，现在更有豆腐新品出台，比如可口的豆腐冰淇淋就特别适合无法接受乳糖的人选用。此外，用豆腐做成的奶酪蛋糕也是特棒的。

（三）腹部塑形：苹果、香蕉、葡萄柚等

苹果是瘦身的风云水果，曾经掀起过减肥的热潮。苹果具有丰富的果胶，能加速排毒，同时降低热量吸收。苹果的卡路里热量不高，吃苹果容易有饱腹感，所以是腹部减肥良品。

香蕉虽然卡路里很高，但脂肪含量却很低，而且香蕉和苹果一样含有丰富的钾元素，又饱肚又低脂，可减少脂肪在腹部积聚，是减肥的理想食品。

葡萄柚中的酸性物质可以增

加消化液，促进消化功能。糖分少，维生素C的含量高，可以减少腹部脂肪堆积。

（四）瘦腿良品：菠菜、奇异果等

菠菜因为可以促进血液循环，可以让距离心脏最远的腿部吸收到足够养分，平衡新陈代谢，排毒瘦腿。

奇异果除了含有丰富的维生素外，纤维亦十分丰富，可以增加分解脂肪的速度，避免腿部积聚过多的脂肪。

（五）清肠运动：黑木耳、绿豆、苦瓜等

可能大家都知道，黑木耳是一种很好的清肠食物。黑木耳是一种高蛋白、低脂肪、水分多、矿物质多的食物。它还含有一种多糖物质，能降低血中的胆固醇、减肥和抗癌。但是，对于排便困难的人来说，需要通过辅助运动，才能事半功倍。按摩腹部是个简单易行的方法：平躺，把肚脐作为中心，用手掌在直径20厘米的圆周范围内按摩整个下腹部3～5分钟，每天坚持会有好的效果。

绿豆，富含维生素B族、葡萄糖、蛋白质、淀粉酶、氧化酶、铁、钙、磷等多种成分，常饮绿豆汤能帮助排泄体内毒素，促进机体的正常代谢。

苦瓜，富含蛋白质、糖类、粗纤维、维

生素C、维生素B_1、胡萝卜素、钙、铁等成分，而且存在着一种具有明显抗癌作用的活性蛋白质，这种蛋白质能够激发体内免疫系统的防御功能，增加免疫细胞的活性，清除体内的有害物质。

（六）减肥良药：红薯、冬瓜等

红薯含热量低，又易使人产生饱腹感，无论是用作主食还是副食，都是一种良好的减肥食品。据测定，每100克红薯含脂肪仅为0.2克，是大米的1/4，红薯是低热量、低脂肪食品中的佼佼者。除此之外，红薯还含有均衡的营养成分。如维生素A、维生素B、维生素C，纤维素及钾、铁、铜等10余种微量元素，其中纤维素对肠道蠕动能起到良好的刺激作用，促进排泄畅通。同时，由于纤维结构在肠道内无法被吸收，有防止糖类变为脂肪的特殊功能。故而，营养学家称红薯为营养最平衡的保健食品，也是最为理想而又花费不大的减肥食物。

冬瓜中富含丰富的维生素C，并且富含钾元素，而钾元素是人体必需的微量元素，具有排水消肿的作用。冬瓜不含脂肪，热量也很低，还含有丙醇二酸，这种物质能够有效的抑制糖类转化成脂肪。

（七）美白护肤：橙子、柠檬、葡萄等

女人拥有完美的体形固然重要，而白嫩的肌肤能起到锦上添花的效果，对于美白护肤我也有一些自己的经验。东方女性大多以白皙红润的肌肤为美，素有“一白遮百丑”之说。因此，各种增白露、护肤霜、粉底蜜、遮瑕膏等化妆品颇受欢迎，不惜在这方面花费时间和金钱者大有人在。其实，一个人的肌肤白嫩，除先天因素之外，与后天的养护方法，包括一些日常果蔬食品，均有很大关系。

皮肤白不白，主要取决于黑色素细胞合成黑色素的能力。黑色素生成越多，皮肤就越黝黑；反之，皮肤就越白皙。维生素C对黑色素生成有干扰作用，能减少黑色素沉淀。在日常生活中多吃些富含维生素C的食物，如橙子、柠檬、山楂、柑桔、苹果、葡萄、鲜枣等水果，以及番茄、菜花、冬瓜、茭白、洋葱、大蒜、青椒等蔬菜，能减少甚至去除皮肤的黑斑和雀斑，加快皮肤的还原变白。

水果中的果酸可以增加皮肤的角化速度，加速黑色素的排除，若

使用频率得当，还可帮助某些水溶性物质的吸收。把梨或苹果捣烂，调入上等面粉敷面，对面部皮肤的细嫩很有帮助。也可将柠檬片放入啤酒中，浸泡一夜，第二天用此酒搽脸。

牛奶能令面部乃至全身皮肤白嫩，可用新鲜牛奶泡入棉花或纱布，湿透后敷面，半小时后用清水洗去，每天1次。

过度被晒的皮肤会出现红斑，可用牛奶抹被晒部位，再用柠檬片敷面，一周后斑点会变小；再将黄瓜捣烂后加入葛粉和适量的蜂蜜，抹几次，斑点可消除。

第七章　我的生活感悟

想要成为完美女人，光有“S”形身材是不够的，要学会全方位打造自己。下面我就和大家分享一些我的护发、护肤、心理解压、气质修炼，以及增强身体柔韧性的秘密吧。

一、头发护理

很多人都问我：“小菁姐，发质这么好干嘛不去拍广告啊？”我以前的一位教练的女儿一看见我就帮我编头发，还说将来长大了也要像我这样留长长的头发。后来果真如此，她的长发及腰。这就是当年我作为她的偶像给她所带来的影响。

头发护理对于我来讲，简直是太容易了。因为我的发质天生就好，根本不用做特别的护理，一般只用普通的洗发水即可。由于头发长，在用完洗发水之后我会用相应牌子的护发素稍微护理一下。有时甚至早上起床不用梳头也没关系，没过一会儿头发就自然变得十分垂直。虽然天生发质好，但是在日常生活中对头发的保养还是很重视的，下面就揭秘我的护发秘诀。

◎ 秘诀一：头发开叉立即修剪

头发开叉了一定要剪，否则分叉会越来越厉害。剪了之后，才能促使它进行新陈代谢，生长得更好。

◎ 秘诀二：吃天然头发保养品

吃黑芝麻、海带会让发质变好，而且还有助于头皮吸收营养，不会产生头皮屑。这是保养头发的最佳方法。

◎ 秘诀三：尽量不烫发、染发

有很多人问我是否染过头发，其实在我5岁时烫过头发，后来就再也没烫过，连离子烫都没烫过。我的观点是自然的头发是最美丽的，因为无论烫发还是染发对头发总会有伤害。而且奇怪的是，我的头发里头天生带点红和金的色彩，仿佛染过一样。

如果你觉得只有染发和烫发才衬托出自己的美丽，那么我建议绝对不能将染发与烫发同时进行，而且刚烫过的头发最好等一两个星期再进行染发，否则会使头发的负担太重而伤害秀发。对于现在发质已经不好的朋友，我建议每一个月或两个月去护理一次。

秘诀四：少用吹风机

头发所含的水分若降低至10%以下，发丝就会变得粗糙、分叉，而经常使用吹风机吹发的后果就会如此。最好让头发自然晾干，至于经常去理发店的人，可以请美发师将吹风机拿远一点，不要贴着头皮吹，而且时间不宜过长。

秘诀五：洗完头发后轻轻擦干

用毛巾用力搓揉，只会使头发枯涩分叉。而应该用干毛巾将头发包起来，轻轻按压，干毛巾会自然将头发上的水分吸干。

秘诀六：不能只梳理头发的尾端

正确的梳发方式是从发根缓缓梳向发梢，尤其是长头发的人。如果只梳发尾，往往会出现断发或发丝缠绕的现象。而且不可以用力梳头，很多人都认为用力梳头可除去头皮屑，用梳子的尖端用力刮头皮的确可以除去

一些头皮屑，但是头皮上的角质细胞也会脱落，造成头皮受伤。

秘诀七：洗发剂泡沫并非越多越好

许多人以为，洗发时用力越大，洗发剂的泡沫越多，头发会洗得越干净。其实这样会使头发更干涩。洗发用品的泡沫不应求多，而用力要轻柔。

秘诀八：不在头发上喷洒香水

虽然头发很容易吸收气味，但在头发上洒香水，结果是适得其反。因为香水中的酒精成分一挥发，就会将头发中的水分带走，使秀发更显干燥。

秘诀九：头发干涩时抹护发乳，但只抹在头发表层

头发干燥，缺乏光泽，多抹些护发用品就可以解决，相信许多人都曾这样试过。事实上，过量的护发乳只会给头发造成负担。要

抹的话，最好只抹在头发表层即可。

二、美丽妆容如此打造

古人云“女为悦己者容”，而我的观点是“女为己悦者容”。我不喜欢艳俗妩媚的装扮，个人认为清新淡雅的妆容最适合我。

（一）护肤先知

先知1：了解自己皮肤的性质，油性、干性，还是混合性。

先知2：针对自己的肤质，有目的地选择化妆品类型。

先知3：并非价格最贵、名牌的化妆品就是最好的。

先知4：25岁之前的女性朋友们，禁用营养成分过高的化妆品，因为吸收效果不好就会起脂肪粒。

（二）不同肤质的护肤法则

干 性：

法则1：不要使用碱性过大的洗面

奶，尽量用弱酸性的，这样皮肤不会受到刺激。

法则2：不要过度洗脸，也不要太用力地搓。应该用中指、无名指的指尖中部由里向外轻轻地揉。

法则3：选择化妆品牌子视经济状况而定，如欧柏莱价格适中，而且分很多系列，适合很多人群使用，对于干性肤质的人当然也适用。

法则4：使用眼霜、面霜、乳液时必须完全被皮肤吸收，不能有残留物；有残留物时用面巾纸轻轻擦除。若吸收不好，脸上就会起脂肪粒。

油 性：

法则1：少吃油、炸、鲜、辣的食物，因为对于油性皮肤的人来说吃这些食品容易长痘痘，所以尽量少吃。

法则2：洗脸时用碱性稍微偏大的洗面奶，禁用一般性的香皂，推荐使用专门用于洗脸的香皂。有的洗面奶洗完之后，脸会发干、发涩，应该考虑换一种品牌的洗面奶。我推荐使用娇兰的产品，因为娇兰清洗完之后，总给人的感觉好像有一层保护膜在始终保护自己的脸。用洗面奶

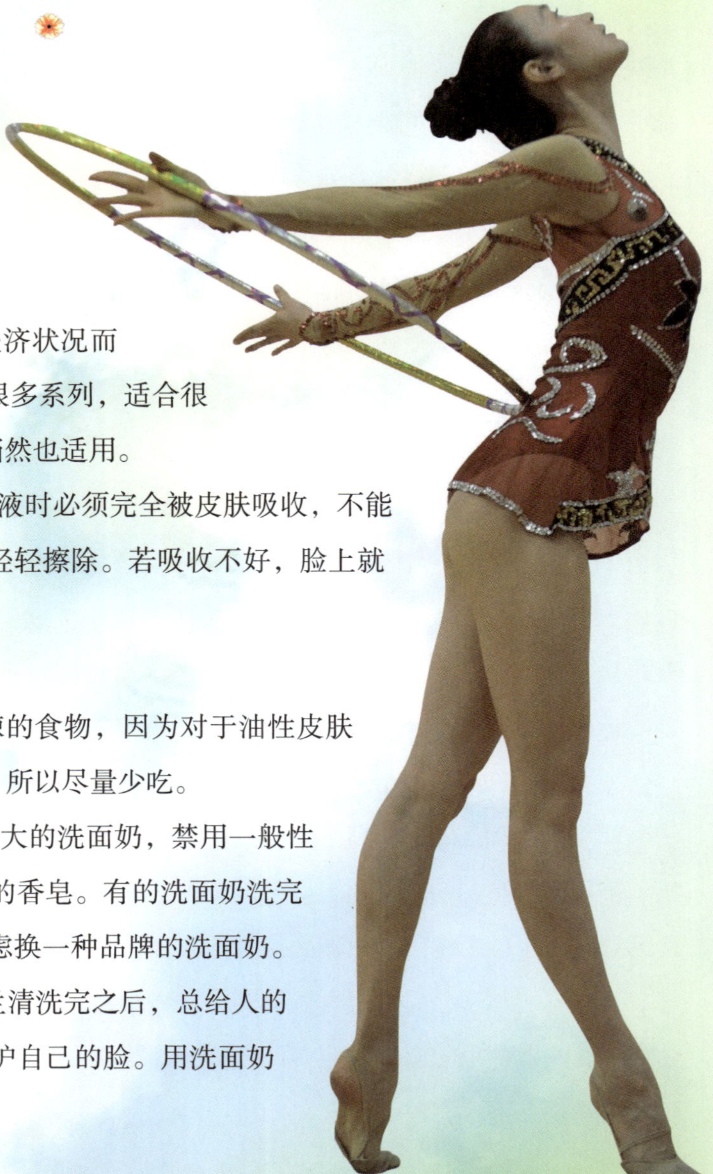

清洗完之后，要用爽肤水再次清洗脸部毛孔，然后用油性偏小的乳液（尽量不用霜状）来轻轻搽揉脸部皮肤，使之吸收。

法则3：油性皮肤容易沾染灰尘，洗脸之前先用按摩乳、卸妆液卸妆，以达到清洗毛孔的目的，然后再用洗面奶洗脸。

法则4：时常健身或定期做桑拿等方式使皮肤排毒、排汗。

建　议：油性皮肤的朋友们应去寻找适合自己的产品，先适用一下，若效果好，就坚持不要再更换牌子；如果不好，就再次测试下自己的肤质到底适合哪种类型的护肤品，直到选择适合自己的为止。

混合性：

法则1：一般产品现都已细分适用肤质类型，混合性的皮肤当然要用混合性的洗面奶。若不知道自己的肤质是否属于混合性，在购买化妆品之前应先向营业员咨询，确定自己的肤质，也可用专门的仪器来检测一下。

法则2：T型部位是混合性肤质的人油集中比较多的地方，清洗脸部时用泡沫多些的洗面奶；而两颊部位的应用泡沫少点的，最好是乳状洗面奶，使皮肤达到合理的平衡状态。

法则3：使用爽肤水。爽肤水的作用是再度清洁和补水。先将爽肤水倒在棉片上，然后轻轻地在脸上擦揉，使之容易吸收。

法则4：使用眼霜。大家都以为皱纹多的地方就应该多抹点眼霜，其实这是一个大错误，最终会起到相反的效果。建议你挤出比花生粒还小的眼霜，同时轻轻地往两只眼睛周围抹，手指做打圈的动作，使之完全被吸收。多余的眼霜用面巾纸吸掉。

亲爱的美女朋友们，其实再怎么美容还不如好好地睡一个美容觉。所以，要想去除黑眼圈，要想简单易行地美容就去睡美容觉吧！当然，如果想使自己的肌肤变得更加白里透红，得到更深层次的保护，那就选择使用适合自己的护肤品，由内而外地散发出女性的魅力。

三、心理解压法则

以前比赛的时候我们会有专门的心理老师给我们上课，他教我们用默念的方法来减轻压力。上场比赛前，闭上眼睛，呼吸平稳，心跳逐渐放慢，脑子里像过电影一样想着自己的成套动作，注意力也集中到自己要做的动作上。日常生活中，当遇到考试或者工作有压力时，你也可以用心理老师教我们的方法。当然，现在我会用更多的方法来减轻自己的压力，现在我就和大家分享我的方法。

法则1：闭目10分钟

这是最简单的减压法则。很多压力是因为自己心里没底，闭上眼睛，深呼吸，接着在脑子里像过电影一样，播放自己将要做的事情，把过程中有可能发生不利的情况都想到，然后想办法如何去弥补。只有把这些方法策略都想透了就不会紧张，因为如果万一出现什么特殊状况，也有办法应付，胸有成竹。

法则2：早晚做瑜伽冥想

每天10～20分钟，人的精神状态会变好。把注意力集中在呼吸上，什么都不要想，静观内心世界，感觉内心世界的和平与宁静。也可以听听优美的音乐，把自己完全沉浸在大自然当中，忘记自我。

法则3：泡　澡

在浴缸里放满满的水，水面上洒些花瓣。然后点上薰香，放杯香槟酒，躺在里面，听着优美的音乐，使整个身体慢慢地放松，这绝对可以减轻你的压力。

法则4：美容院按摩

不一定非是为了美容而去按摩，当你躺着的时候有人轻轻地帮你按摩着，你什么都不用想，睡一觉。等你醒来的时候，皮肤好了，精神状态也好了，压力也自然消失了。

法则5：足　疗

足疗不仅可以减少你的压力，而且对你的身体也大有益处。

法则6：深呼吸5次

当你感觉有压力的时候，心跳会加快，深呼吸是减少压力最简单易行的办法。

法则7：宣　泄

宣泄的途径很多：健身、游泳、跑步、对着大山大喊等，这既可以排毒排汗有益于身体，又可以把自己内心的压力和烦恼宣泄出去，一举两得。

法则8：看星星、月亮

在大晴天的晚上，独自一人看天上的星星和月亮。这样会让你的心变得宁静，心胸变得开阔。

如果以上这些事情能够在山上或者海边完成的话，那效果就会更好。山高，风景好，空气新鲜，人若是站得高，看得自然远，心情也就豁然开朗，所有的困难到了山上就觉得没有什么大不了的；到了海边，你会觉得人是那么的渺小，对于大自然来讲这一点痛苦算什么。进而，你会发现世界如此美好，如果不去好好地享受大自然的风光，那实在是太可惜了。总之，当你心情不好，当你压力大的时候不妨多接触大自然，这对你的身体也有益处。

四、气质是女性永恒的美

很多人都说我的身上散发着东方气质，是一个气质美女。我的气质首先是家庭的熏陶，其次后天的因素也很重要。

良好的气质需要内外兼备的修炼。我的体会是：自信、乐观，拥有善良的心是气质形成的基本因素。每天早上起来对着镜子多点微笑，告诉自己："我是最棒的！"；遇事不要忙乱，即使出现最糟糕结局都要告诉自己没什么，一切都会好的；要善待他人，即使你的长相很一般，别人对你的态度也会随之而改变。大致上，我可以总结出气质好的人一定是积极向上、非常自信的。

当然，作为女性还要特别注意修养，养成良好的习惯和文明的行为。假如说一个女孩长得非常漂亮，可是出口成"脏"，或在公共场合大声喧哗，随地乱扔东西，对别人极不尊重，这样的女孩会让人觉得她有气质吗？所以，要想有好的修养就要从生活中的细节做起，只有有好的修养才能成为气质美女！

（一）提高审美意识与艺术修养

建议多听些歌剧，多看些舞剧、话剧。如芭蕾《天鹅湖》是一部很传神、很经典的舞剧，剧中内容没有一句台词，却用姿体语言来传达信息，表达情感。

（二）学习文化、丰富自己

有一定深厚教养和丰富内涵的女性，自然能够体现出美的风度，如《飘》、《傲慢与偏见》等经典著作都是修身养性的必读之物。还有励志类的书也值得一看，因为它总能不断地给予你无穷的力量。此外，《瑞丽》、《时尚》等一些时尚类的杂志是爱美的女性们所喜欢的，因为她们会将最新流行的时尚资讯带给我们，使我们感受最新的潮流，与时俱进。

（三）拥有健康的生活态度

乐观、积极向上的生活态度是打造气质的基础。杨澜、董卿等家喻户晓的著名主持人就拥有令人羡慕的气质，那是因为她们拥有一颗永不放弃的进取心，在失败和困难面前决不气馁、妥协，而是积极地去克服困难。

（四）学会宽容

女人应该学会宽容，善解人意、体贴别人，多为别人着想和考虑，这样才能将自己打造成吸引男人的魅力女人。

（五）坚持健身

只有健康的体魄才能真正地得到永恒的美，我们应该持之以恒地运动、健身。

（六）交际礼仪

懂得交际礼仪的人必然受到人们的尊重，因为你表现出的是不俗的气质——尊重别人，也只有当你尊重别人的同时，别人才会尊重你。

（七）文明行为与良好的生活习惯

气质是建立在文明的基础上，正如我在前面提到的一样，假如一个女孩长得非常漂亮，可是出口成“脏”，那还会有人认为这女孩有气质吗？

五、柔美是女人的本性

西方人喜欢用“美如水”来形容东方女性，这隽韵无穷的比喻道出了东方女性的柔美、娇嫩、婀娜多姿，水一样的变化无穷，水一样的飘逸纤柔。柔，对于女性本身的形象具有拉长、延伸的作用；美，会给人一种高雅的感觉。如果女人看起来很柔美，那给人的印象就会与众不同。

从长远来讲，柔美需要长时间打造，而不是十天半个月就能打造出来的，要持之以恒，要有韧劲，为了美要敢于付出。因为如果柔韧性不保持的话就会很容易退化，渐渐地肌肉和韧带弹性就没有年轻时好，于是就会出现萎缩。所以现在，哪怕是六七十岁的古稀老人也特别推崇练习瑜伽，或者其他增强柔韧性的练习，保持青春。因此，我觉得柔韧性练习很重要，因为可以帮助你调整、拉长脊柱，防止过早地衰老。

如何保持柔美的身材?

（一）波浪练习

手臂、腰部等做波浪式的练习。这些看似很简单的动作，可以让身上的小块肌肉都能得到充分地运动。

（二）柔韧练习

如果韧带没有弹性，就不会有柔美的感觉。每天抽点时间

（10分钟左右），尤其是早上和晚上，把腿架在与腰部等高或稍高的桌子上做压腿练习。

（三）瑜伽、芭蕾练习

在做瑜伽、芭蕾练习时，用意念和伸展动作使手臂和腿部肌肉结实、有形，锻炼出手臂和大腿优美的线条。

（四）游泳等一些水上健身项目

由于水里的阻力大，人在水里所做的每个动作都受到水阻力的影响，所以动作就会变得很柔。

（五）民族民间舞

孔雀舞、彝族舞、苗族舞、新疆舞等都是我国独具地方特色的民族舞蹈，舞姿优美、舞态婀娜，能展现女人的曼妙身段，自然也是练习形体的最好课程。

附录 | 体坛美女个个数

卡巴耶娃：她是俄罗斯人，但又带点东方人的血统，看上去有一种十分亲切的感觉。人长得很可爱，头发乌黑，一笑起来嘴巴咧得大大的，特别灿烂，人见人爱。在我眼里，她是一位阳光、可爱、大方、招人喜欢又具有自己特点的对手。她也是艺术体操运动员，比我小，在我刚出成绩时她还只是崭露头角，也可以说我是看着她长大的。记得有一次在日本比赛，那时她只有十三四岁，可是从我第一眼看到她就很喜欢她。从她表演的每一个动作当中，可以看出她是一个很有发展潜力的运动员。因为那时候她还很小，可每个动作难度却特别大。到了1999年的时候，卡巴耶娃成长起来了。她青春、阳光、人见人爱，犹如洋娃娃似的，身材又好，胖瘦适中，状态也特别好。在1999年的美国友好运动会上，她大放光彩，一下子拿了好多个冠军。她能够走到现在这一步真的很不容易，这首先应该归功于她的父母，运动员出身的父母，给了她很好的运动遗传基因。

卡巴耶娃的动作很有特点，很软，有她特有的柔韧动作。由于她的动作具有自己的独特之处，她在俄罗斯的人气很旺。她身上那种热情、乐观、积极向上的精神，包括那种超强的柔韧性都值得我们学习。我希望我们也能像她那样尽量保持自己的柔韧性，也希望我们国家的艺术体操能够早点培养出像她这样的超级明星。

刘　璇：我们是战友也是好朋友，我总是亲切地喊她“璇”。她是湘妹子，很喜欢吃辣椒，辣椒里面含有丰富的维生素，所以她的皮肤特别好。我感觉她出了名之后越来越漂亮，而且像卡巴耶娃一样拥有灿烂的笑容。

我一直都比较欣赏她的穿着打扮，因为她的审美观不错，很会把握自己，知道衣服如何搭配，知道哪些服装适合自己。尤其是穿休闲装的时候，显得特别可爱。

在体操赛场上，她给人印象最深刻的要属自由体操和平衡木了，当她在做这两个项目时，动作非常干净利落。她是2000年悉尼奥运会的平衡木冠军。她在赛前训练的时候，因为偏胖，还专门去减肥，减肥非常成功。其实无论是谁，只要运动量上去了，在饮食方面稍微控制一下，就可以把体重减下来。我觉得她这一点做得很好，为了完美付出了很多。其他女孩子也一样，应该像她那样，为了美，敢于付出汗水和坚持。何况，如果出于职业的需要，想要别人多给你羡慕的眼光，你就得花点功夫来保持自己良好的身材。当你特别自信的时候，心情自然会好，会一直拥有灿烂的笑容。

莎拉波娃：我很欣赏她。我没想到在网坛会出现这样的美女，她的美跟艺术体操运动员的美很像，手很纤细，五官长得很漂亮，大大的眼睛，修长柔美的腿，白白净净的皮肤。她穿着网球裙时，在场上的动作就像一个舞者跳网球芭蕾一样，美不胜收。她的美是给人一种冷美人的感觉，她笑的不多，但是一笑起来会很灿烂。她不仅长得漂亮，球技也非常好，她以冷冷的美和优异的球技吸引大家。网坛出现这样的美女真是让大家大饱眼福，看她打球真的是一种美的享受。

莎拉波娃很能把握自己，除了给人留下很好的印象外，她还花大量的时间在提高自己的球技方面。我觉得作为运动员应该像她这样，一定要知道自己的定位是什么，一定要明白自己的职业是什么。她很清楚自己现在所要做的事，会按照自己既定的目标一步步地去完成。于是大家都会从心底里佩服她，觉得莎拉波娃不是花瓶。她除了拥有很好的长相、很好的身材外，还有优异的成绩，我觉得这点无论体育界还是娱乐界都是要向她学习的。

杨　扬：速滑运动员。一般人都会认为速滑运动员肯定是很健壮、强悍得像男孩子一样，但是自从接触了她后，我对速滑运动员的看法、观念也改变了。她四肢比较匀称，很有力量。我很喜欢她的性格，豪爽大方，典型的东北人性格。杨扬长得也很漂亮，尖尖的脸，大大的眼睛。有时，她也会修饰自己，化淡淡的妆，改变一下发型，令人觉得很亲切。

杨扬实现了我国在冬季奥运会上金牌零的突破，一下就拿了两枚金牌。那天，她穿着速度滑冰的运动服，手上拿着国旗绕场滑了好几圈，给我留下了很深的印象。她跟罗雪娟一样，在场上像一只猛兽，很勇猛，但是一下来就给人一种很淑女的感觉。有一次我参加中央电视台“优秀运动员”的颁奖遇见了她，她穿了一身黑色的晚礼服，个子很高，尖尖的脸，很漂亮，很上镜，气质优雅，一上台还能用英语与大家交流。

杨扬不仅拥有良好的运动成绩，还有很好的长相和身材，而且她很注意修炼自己的内功。当你跟她谈话的时候，你会从她那里学到很多东西。她是一个比较注重修炼自己内在的人。在运动生涯的黄金期，她还去读大学，自学英语，以此来丰富自己的文化内涵。

罗雪娟：浙江人。很高兴，我们浙江还真的出了不少美女。对她的了解是在一次看电视的时候，记得是她和中学生进行交流的活动。听她的谈吐，我觉得她是一个非常有头脑的女孩子，分析能力和逻辑思维都很强，她内在的东西一下子就吸引了我。

可能大家都觉得游泳运动员尤其是女孩子四肢应该会很壮，声音很粗，但是她完全没有给我这种感觉。她的笑容很甜，非常灿烂，灿烂中有点憨憨的，很亲切，就像是邻家女孩的感觉。而且罗雪娟属于耐看型的女孩，腰很纤细，特别有女人味，可能这种女孩更让人容易接近，不会产生距离感吧。

当罗雪娟拿到雅典奥运会冠军的时候，我特别感动。记得赛前她的心脏一直不好，她完全是靠着自己的能力、毅力，冒着生命危险拼下这块金牌。可见她内心很坚强，这种美，是一种坚韧不拔的精神美。

她在赛场上也和杨扬一样，犹如猛兽，坚韧不拔，走下赛场就是邻家女孩的感觉。其实，女孩子如果能够给别人留下反差比较大的印象也挺好的。尤其是在职场上的女性，我觉得职业女性在工作的时候可以雷厉风行，但当你下班回家后回归到生活当中的时候，还是应该做回女人。有时候找准平衡点确实有点难，但是你必须要找，否则时间一长你会失去很多东西。

诸　宸：我们是老乡。我和她很有缘分，都在清华大学，我是老师，她是学生。2002年，诸宸获得国际象棋锦标赛冠军，载誉归来。对我们老乡比较照顾的清华老领导胡显彰、党委书记陈希、体育部主任陈伟强及其他几位领导给我打电话，说是老乡应该认识一下。我一上完课就过去了，见面后，我们彼此之间感觉都很好，互相欣赏对方。我的情况她非常了解，知道在清华大学我的艺术体操课很火，而她的一些事情我也都非常清楚。后来，我们会经常通电话，她拿奖的时候我会从心底里为她高兴，她拿到了荣誉就像我拿到了一样！

诸宸的五官长得很漂亮，圆圆的的脸，眼睛很大，长得很有福相。她让我改变了对国际象棋手的看法，我印象中棋手长得不是很漂亮，但是自她出现了之后才发现原来国际象棋的棋手也有长得这么漂亮的。她的气质也有点舞蹈家的气质，可能是江南美女与生俱来的吧！

以上6位美女各有千秋，但无论她们相貌如何，你会发现她们都非常注重打造自己的内心美。她们在自己的行业里长时间辛勤耕耘，付出了很多，也获得了丰厚的回报。我希望正在看书的你也能得到些启发：美是内外结合的，需要长时间的努力与坚持。